Fiche de lecture

Document rédigé par Dominique Coutant-Defer
docteure en langue et littérature françaises
(Université de Nice)

Contes

Charles Perrault

lePetitLittéraire.fr

Rendez-vous sur lePetitLittéraire.fr et découvrez :

- plus de 1200 analyses
- claires et synthétiques
- téléchargeables en 30 secondes
- à imprimer chez soi

Code promo : LPL-PRINT-10

10 % DE RÉDUCTION SUR www.lePetitLittéraire.fr

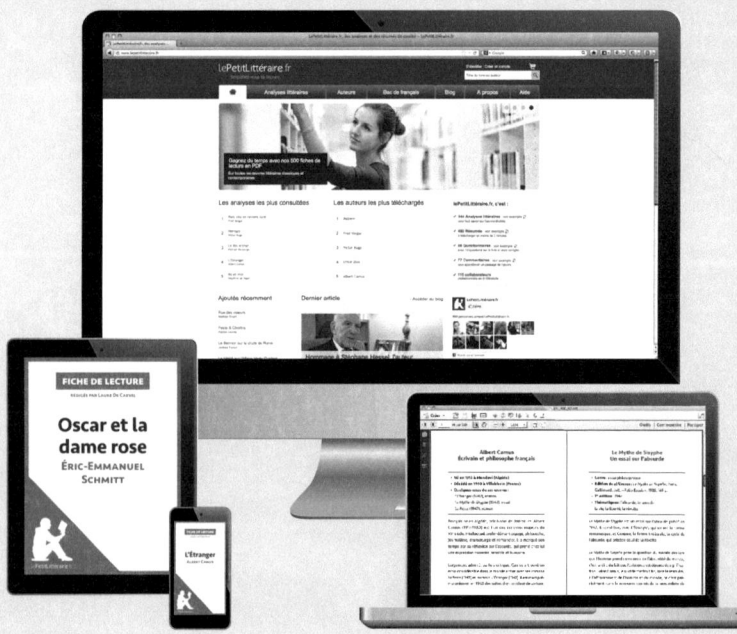

RÉSUMÉ 6

CLÉS DE LECTURE 13

Schéma narratif

Des contes merveilleux

La postérité des *Contes*

POUR ALLER PLUS LOIN 18

Charles Perrault
Homme de lettres français

- **Né en 1628 à Paris**
- **Décédé en 1703 dans la même ville**
- **Quelques-unes des œuvres :**
  Peau d'Âne (1694), conte
  La Belle au bois dormant (1696), conte
  Les Contes de ma mère l'Oye (1697), recueil de contes

Né à Paris en 1628 et décédé en 1703, Charles Perrault est considéré comme l'un des plus grands auteurs du XVIIe siècle. Il mène une carrière à la fois politique et littéraire. Bras droit de Colbert, il est chargé à la Cour de la politique artistique et littéraire.

Sa première œuvre, un poème burlesque contre l'Antiquité, est publiée en 1653. Mais il se distingue surtout par la retranscription de contes issus de la tradition orale française, donnant ainsi ses lettres de noblesse au genre littéraire du conte merveilleux. En 1694 parait *Peau d'Âne*, en 1696 *La Belle au bois dormant*, puis en 1697 son recueil de contes *Histoires ou Contes du temps passé avec moralités*, comportant ses contes les plus célèbres : *Le Petit Chaperon rouge*, *Cendrillon*, *Le Chat botté*, etc. Un exemplaire manuscrit de ce recueil porte le titre *Les Contes de ma mère l'Oye*.

Charles Perrault est élu à l'Académie française en 1671, où il se distingue en étant l'instigateur de la querelle des Anciens et des Modernes, dans laquelle il prend parti pour les auteurs modernes.

Contes
Un chef-d'œuvre universel et intemporel

- **Genre :** contes
- **Édition de référence :** *Contes*, Paris, Hachette, 1999, 128 p.
- **1re édition :** 1697
- **Thématiques :** merveilleux, apparence, curiosité, débrouillardise, honnêteté

Le recueil que nous allons aborder regroupe six contes originaires de la culture populaire orale : *Le Petit Chaperon rouge*, *La Barbe-Bleue*, *Le Chat botté*, *Les Fées*, *Cendrillon* et *Le Petit Poucet*. Parus en 1697, ils sont parmi les plus connus de Charles Perrault. Commençant tous par le traditionnel « Il était une fois » (sauf *Le Petit Chaperon rouge*), ils mettent en scène des personnages non moins traditionnels, très stéréotypés (la fée, le prince, la marâtre, etc.), et présentent tous le schéma narratif classique. Néanmoins, Perrault leur appose une certaine originalité : il est très présent dans les textes, a un sens aigu du réalisme dans les décors, jusque dans les détails, et ajoute aux récits des enjeux moraux ou politiques qui font des *Contes* bien plus que des petites histoires enfantines.

RÉSUMÉ

LE PETIT CHAPERON ROUGE

La jolie fillette est ainsi nommée à cause du tissu rouge de son chapeau. Sa mère l'envoie visiter sa grand-mère malade, et lui apporter une galette et du beurre. Sur son chemin, elle rencontre un loup dans le bois, mais ce dernier n'ose pas la manger, à cause de la présence de bucherons. Il lui demande alors où elle se rend et la naïve fillette lui indique où habite sa grand-mère. Le loup propose de s'y rendre lui aussi, mais par un autre chemin afin de voir lequel des deux arrivera le premier. Alors que la fillette emprunte la route la plus longue et prend son temps, le loup court à en perdre haleine et arrive avant elle. Il fait croire à la vieille femme, en contrefaisant sa voix, qu'il est sa petite-fille. Elle le laisse entrer et le loup la dévore. Puis il prend sa place dans le lit, se cache sous la couverture et accueille un peu plus tard le Petit Chaperon rouge, en se faisant passer pour la grand-mère. D'abord un peu méfiante car elle a du mal à reconnaitre la voix de sa grand-mère, la fillette finit tout de même par rejoindre l'animal dans le lit. Elle s'étonne alors de la taille gigantesque de celui qu'elle croit être sa grand-mère, mais le loup parvient à la rassurer, puis à la manger...

Moralité : « De jeunes enfants font très mal d'écouter toutes sortes de gens. » (p. 12) Tous les loups ne sont pas méchants, mais ceux qui paraissent les plus doux peuvent être les plus dangereux.

LA BARBE-BLEUE

La Barbe-Bleue est un riche seigneur qui ne trouve pas à se marier à cause de la couleur de sa barbe et de la mystérieuse disparition de ses précédentes épouses. Pourtant, une jeune fille se laisse épouser, éblouie par ses richesses. Peu après, il part en voyage en lui remettant les clés de la maison, la prévenant que celle d'un petit cabinet ne doit être utilisée sous aucun prétexte. « S'il vous arrive de l'ouvrir, il n'y a rien que vous ne deviez attendre de ma colère » (p. 21), la menace-t-il. Mais, une fois seule, la jeune femme ne peut résister à la tentation d'ouvrir le cabinet et y découvre les cadavres des précédentes épouses de son mari. La clé, magique, laisse sur la jeune femme des marques de sang indélébiles. Au retour de son époux, celui-ci, furieux, la condamne au même sort que les autres femmes. Elle demande cependant un court répit pour prier avant de mourir et en profite pour envoyer sa sœur, Anne, guetter l'arrivée de ses frères qui doivent la visiter ce jour-là. Mais ils tardent et la jeune femme n'arrive plus à faire patienter son mari… Ils arrivent finalement juste au moment où la Barbe-Bleue s'apprête à la sacrifier et le tuent. La jeune femme hérite de tous les biens de son mari, en fait profiter son entourage et se remarie à un honnête homme.

Moralité : la curiosité peut couter très cher… Autre moralité : ce conte appartient au passé et dans les couples d'aujourd'hui, « [o]n a peine à juger qui des deux est le maître » (p. 27), de l'homme ou de la femme.

LE CHAT BOTTÉ

En mourant, un pauvre meunier lègue à son premier fils son moulin, au deuxième son âne et au troisième son chat. Le troisième se lamente de la misère qui le guette, mais le chat lui garantit que son héritage n'est pas si mauvais, et lui demande un sac et une paire de bottes. Le chat parvient ainsi, par la ruse, à attraper un lapin et l'apporte au roi de la part de son maitre, qu'il nomme le marquis de Carabas. Il continue son manège pendant trois mois, provoquant à chaque fois la joie du monarque. Un jour, il encourage son maitre à aller se baigner dans la rivière, sur le trajet de la promenade du roi et de sa fille. « Votre fortune est faite » (p. 35), lui dit-il. Puis, ayant caché les habits de son maitre, il affirme au roi qu'ils ont été volés. Le souverain envoie alors chercher son plus bel habit, soucieux d'aider le généreux marquis qu'il invite dans son carrosse. Joli garçon, le fils du meunier échange d'amoureux regards avec la princesse. Le chat demande ensuite aux moissonneurs dans les prés de dire au roi que tous les blés avoisinants appartiennent au marquis de Carabas. Puis il arrive au château d'un ogre qui a le pouvoir de prendre la forme d'autres animaux et le met au défi de se transformer en souris. L'ogre, piqué au vif, s'exécute, et se fait manger par le chat. Ainsi, le château de l'ogre appartient désormais au marquis de Carabas. Ébloui par tant de richesses, le roi accorde sa fille au fils du meunier.

Moralité : la débrouillardise vaut mieux que les biens acquis. Autre moralité : le fils du meunier a pu compter sur sa jeunesse et sa beauté pour séduire si vite la jeune princesse.

LES FÉES

Une pauvre jeune fille, détestée par sa mère qui la charge de toutes les corvées, donne à boire à une vieille femme assoiffée qui est en fait une fée. Celle-ci, pour la remercier, lui promet qu'à chaque parole qu'elle prononcera, une fleur ou une pierre précieuse sortira de sa bouche. La mère, émerveillée, décide alors d'envoyer à la fontaine sa fille ainée chérie pour qu'elle profite elle aussi du sortilège. Mais la fée a pris l'allure d'une princesse et la jeune fille, arrogante, refuse de l'aider. La fée lui jette alors un sort différent : il sortira de sa bouche des serpents ou des crapauds. Battue par sa mère qui la croit responsable, la cadette s'enfuit et rencontre le fils du roi dans la forêt. Celui-ci lui demande les raisons de son chagrin. Séduit par le curieux don et la douceur de la jeune fille, il décide de l'épouser. L'ainée, quant à elle, finit par mourir au coin d'un bois, devenue si méprisable que sa mère l'a chassée.

Moralité : la douceur a encore plus de prix que « les diamants et les pistoles » (p. 49). Autre moralité : l'honnêteté finit toujours par payer.

CENDRILLON

Cendrillon est une jolie jeune fille haïe et traitée en domestique par sa belle-mère et ses deux filles. Ainsi, tandis que les deux péronnelles choisissent les magnifiques habits qu'elles porteront au bal que donne le fils du roi, elles se moquent de Cendrillon qui se désole de ne pas être de la fête. Une fée, sa marraine, transforme alors une citrouille en carrosse, des souris et un rat en chevaux et cocher, et des lézards en laquais, lui permettant d'assister au bal. Elle la revêt de somptueux atours et «lui donn[e] ensuite une paire de pantoufles de verre, les plus jolies du monde» (p. 59), la prévenant toutefois que le sortilège prendra fin à minuit. Lorsqu'elle arrive au bal, la place d'honneur est accordée à Cendrillon, tant elle suscite l'admiration. On la prend pour une grande princesse. À minuit, elle quitte le bal, mais grâce à sa marraine, y retourne le lendemain, encore plus magnifiquement parée. Cependant, cette fois-ci, elle s'attarde et, dans sa hâte à partir au premier coup de minuit, elle laisse tomber dans sa fuite une de ses pantoufles que le fils du roi ramasse car il est tombé amoureux de cette mystérieuse beauté. Il décide d'ailleurs d'épouser celle qui pourra enfiler la chaussure. Toutes les jeunes filles du royaume essaient en vain de chausser la pantoufle. Sous les quolibets de ses sœurs, Cendrillon demande elle aussi à se soumettre à l'épreuve, dont elle triomphe aisément. Pour couronner son succès, la fée apparait et donne à nouveau à la jeune fille sa magnifique apparence. Les deux sœurs reconnaissent alors en elle la princesse du bal et lui demandent pardon de leur méchanceté à son égard. Une fois mariée au fils du roi, Cendrillon, «qui était aussi bonne que belle» (p. 64), les unit à deux grands seigneurs.

Moralité : la beauté est un trésor, mais «la bonne grâce est le vrai don des fées» (p. 65). Autre moralité : l'esprit, le courage et la naissance sont des dons du Ciel, mais il est bon d'avoir des parrains ou des marraines pour les faire valoir.

LE PETIT POUCET

Le Petit Poucet est le plus jeune enfant d'une famille de pauvres bucherons. Il est moqué par tous, bien qu'il soit « le plus fin et le plus avisé de tous ses frères » (p. 72). Une année de famine, devant la difficulté à nourrir ses sept enfants, le père, alors que le Petit Poucet l'écoute en cachette, décide de les abandonner dans la forêt, au grand désespoir de la mère. Pendant leur marche, le rusé Petit Poucet sème de petits cailloux blancs qui permettent aux enfants de regagner la maison. Avant d'entrer, ils s'aperçoivent que leurs parents sont en train de festoyer, grâce à dix écus qu'on vient de leur rendre. La mère se lamente de ne pouvoir partager le festin avec ses enfants disparus, qui entrent alors dans la maison, à sa grande joie. Mais « cette joie dura tant que les dix écus durèrent » (p. 75). Une fois l'argent épuisé, les parents projettent à nouveau d'abandonner les petits… Mais le Petit Poucet a une fois de plus tout entendu et, ne trouvant pas de cailloux, il décide d'utiliser les miettes du pain que leur mère leur a donné. Hélas, les oiseaux les mangent et les enfants s'égarent dans la forêt… Ils trouvent asile dans la maison d'un ogre où la femme leur offre un lit. Pour ne pas être dévorés au retour de l'ogre, le Petit Poucet échange les couronnes dont sont couvertes les sept filles de l'ogre couchées à côté d'eux, contre les bonnets de ses frères. Dans la confusion, le monstre égorge ses propres filles. Profitant de son sommeil, les garçons s'enfuient, mais manquent d'être rattrapés par l'ogre, réveillé et furieux de sa méprise. Dérobant au colosse qui s'est assoupi un instant ses magiques bottes de sept lieues, le Petit Poucet cache ses frères, revient chez la femme de l'ogre et obtient d'elle une forte somme d'argent, rançon soi-disant réclamée par des bandits qui auraient pris son mari en otage. Mais «il y a bien des gens qui ne demeurent pas d'accord de cette dernière circonstance» (p. 83) et qui disent que le Petit Poucet a en vérité fait fortune grâce aux bottes magiques en servant de messager dans tout le royaume, enrichissant ainsi toute sa famille.

Moralité : c'est parfois l'enfant le plus faible et le plus méprisé d'une famille qui fait son bonheur.

CLÉS DE LECTURE

SCHÉMA NARRATIF

Tous ces contes présentent un schéma narratif qui se déroule comme suit :

Situation initiale : c'est le début de l'histoire, le moment où on présente au lecteur les personnages principaux et le cadre spatiotemporel ; la situation est équilibrée, c'est-à-dire qu'elle n'a aucune raison d'évoluer.

- C'est, par exemple, le Petit Chaperon rouge qui traverse tranquillement la forêt pour aller apporter une galette et du beurre à sa grand-mère ou le fils du pauvre meunier qui hérite du chat de son père dans *Le Chat botté*.

Élément perturbateur : c'est un évènement qui vient modifier la situation initiale et qui déclenche l'histoire proprement dite.

- Par exemple, Cendrillon apprend qu'un grand bal est donné par le roi ou une jeune fille accepte d'épouser la Barbe-Bleue, séduite par ses richesses.

Péripéties : ce sont les actions provoquées par l'élément perturbateur.

- On peut citer comme exemple le Petit Poucet qui sème des cailloux pour retrouver le chemin de sa maison parce que ses parents les ont abandonnés, ses frères et lui (élément perturbateur).

Élément de résolution (dénouement) : il met un terme aux péripéties et conduit à la situation finale.

- Le Petit Chaperon rouge accepte de se glisser dans le lit avec le loup et Cendrillon parvient à enfiler la pantoufle de verre, par exemple.

Situation finale : c'est le résultat, la fin de l'histoire ; la situation est équilibrée comme la situation initiale, mais il y a eu des transformations.

- Le Petit Poucet fait fortune avec les bottes de sept lieues, par exemple, ou la femme de la Barbe-Bleue se remarie avec un honnête homme.

DES CONTES MERVEILLEUX

Ces six récits présentent tous les caractéristiques du conte merveilleux, issu de la tradition orale, que Charles Perrault a réussi à imposer comme genre littéraire, se démarquant ainsi de la culture officielle de son époque. Le conte merveilleux présente différentes caractéristiques, qu'on retrouve dans tous les textes du recueil de Perrault.

- Les récits sont courts : ils comportent tous une quinzaine de pages tout au plus.

- Les personnages sont peu nombreux : ils ne sont que trois dans *Le Petit Chaperon rouge*, par exemple. De plus, leur portrait physique et psychologique est succinct. Ainsi, la taille du Petit Poucet est évoquée uniquement parce qu'elle explique son surnom. Leurs traits de caractère ne sont pas détaillés, et les personnages sont répartis de façon manichéenne : il y a les bons d'un côté et les méchants de l'autre (la douce Cendrillon s'oppose à ses deux cruelles sœurs, notamment). En outre, ils sont souvent réduits à des types aux fonctions immuables dans ce genre de récit : le prince, le roi et la fée, par exemple.
- Les dates et les lieux sont souvent imprécis : l'origine de l'histoire se perd dans la nuit des temps (« Il était une fois »). Les lieux sont identifiés (forêt, château, village, etc.), mais non précisés géographiquement, ce qui confère au conte une dimension universelle.
- On trouve des êtres fabuleux : citons par exemple les ogres dans *Le Chat botté* et *Le Petit Poucet*, les fées dans *Les Fées* ou *Cendrillon* ou encore les animaux qui parlent dans *Le Petit Chaperon rouge* ou *Le Chat botté*.
- Le merveilleux et le surnaturel font souvent intrusion dans le récit : des objets magiques, comme la clé tachée de sang dans la *Barbe-Bleue*, la baguette magique de la marraine de Cendrillon ou les bottes de l'ogre dans *Le Petit Poucet*, et des procédés tels que la métamorphose (dans *Cendrillon*, par exemple) émaillent les textes.
- Une dimension symbolique est également présente : certains lieux, comme la forêt, acquièrent dans le conte une fonction qui dépasse celle de servir uniquement de cadre au récit. La sombre forêt est le

lieu de tous les dangers : le Petit Chaperon rouge y rencontre le méchant loup et le Petit Poucet s'y perd avec ses frères. D'innombrables récits, dans toutes les cultures (*Blanche Neige*, *Hansel et Gretel*, *Baba Yaga*, *Harry Potter*, etc.) en font un lieu terrifiant, sans doute inscrit dans l'inconscient collectif.
- Enfin, le conte a une fonction éducative : une leçon de sagesse, une morale, y est souvent délivrée, ce qui le destine prioritairement à un jeune public, qui peut y trouver des réponses à ses angoisses ou ses préoccupations. Il faut se méfier des inconnus est-il dit dans *Le Petit Chaperon rouge*. De plus, certaines qualités, comme la générosité ou la bonté, sont valorisées, alors que la paresse et la méchanceté sont bannies, comme dans *Cendrillon*, par exemple.

LA POSTÉRITÉ DES *CONTES*

Les récits de Perrault sont encore largement lus, étudiés et traduits à notre époque. Ils ont pourtant subi des modifications au cours des siècles, suivant leurs publications. Les «moralités» n'apparaissent plus dans certaines éditions, les préfaces aux dédicataires et avertissements de l'auteur ont parfois été supprimés, et certains contes ont même été transformés : Grimm, par exemple, a modifié la fin du *Petit Chaperon rouge* en ajoutant un personnage de chasseur qui sort la grand-mère et la petite-fille du ventre du loup.

Le succès toujours d'actualité des contes de Perrault tient à l'adaptation judicieuse qu'il a opérée par rapport à la version orale des récits. En effet, les récits que nous venons d'étudier n'ont pas été inventés par Perrault : il a retranscrit des histoires qui circulaient de manière orale. Mais attention, il ne s'est pas contenté de reprendre les histoires telles quelles, il les a adaptées à leur nouveau mode de transmission : l'écrit. Il a ainsi supprimé certains passages qui auraient pu choquer, comme celui où le Petit Chaperon rouge dévore la chair de sa grand-mère, par exemple. Il a également actualisé les contes en y introduisant des éléments contemporains. Ainsi, *Le Petit Poucet* fait référence à la famine de 1693. De plus, Perrault introduit dans ses textes des touches d'humour destinées à dédramatiser certaines situations ou des marques d'oralité qui en rendent la lecture plus agréable. Il confère ainsi à ces fameux contes une certaine universalité qui a sauvé de l'oubli ces récits connus aujourd'hui de tous.

POUR ALLER PLUS LOIN

ÉDITION DE RÉFÉRENCE

- Perrault C., *Contes*, Paris, Hachette, 1999.

SUR LEPETITLITTÉRAIRE.FR

- Fiche de lecture sur les *Contes* des frères Grimm

Retrouvez notre offre complète sur lePetitLittéraire.fr

- des fiches de lectures
- des commentaires littéraires
- des questionnaires de lecture
- des résumés

ANOUILH
- Antigone

AUSTEN
- Orgueil et Préjugés

BALZAC
- Eugénie Grandet
- Le Père Goriot
- Illusions perdues

BARJAVEL
- La Nuit des temps

BEAUMARCHAIS
- Le Mariage de Figaro

BECKETT
- En attendant Godot

BRETON
- Nadja

CAMUS
- La Peste
- Les Justes
- L'Étranger

CARRÈRE
- Limonov

CÉLINE
- Voyage au bout de la nuit

CERVANTÈS
- Don Quichotte de la Manche

CHATEAUBRIAND
- Mémoires d'outre-tombe

CHODERLOS DE LACLOS
- Les Liaisons dangereuses

CHRÉTIEN DE TROYES
- Yvain ou le Chevalier au lion

CHRISTIE
- Dix Petits Nègres

CLAUDEL
- La Petite Fille de Monsieur Linh
- Le Rapport de Brodeck

COELHO
- L'Alchimiste

CONAN DOYLE
- Le Chien des Baskerville

DAI SIJIE
- Balzac et la Petite Tailleuse chinoise

DE GAULLE
- Mémoires de guerre III. Le Salut. 1944-1946

DE VIGAN
- No et moi

DICKER
- La Vérité sur l'affaire Harry Quebert

DIDEROT
- Supplément au Voyage de Bougainville

DUMAS
- Les Trois Mousquetaires

ÉNARD
- Parlez-leur de batailles, de rois et d'éléphants

FERRARI
- Le Sermon sur la chute de Rome

FLAUBERT
- Madame Bovary

FRANK
- Journal d'Anne Frank

FRED VARGAS
- Pars vite et reviens tard

GARY
- La Vie devant soi

GAUDÉ
- La Mort du roi Tsongor
- Le Soleil des Scorta

GAUTIER
- La Morte amoureuse
- Le Capitaine Fracasse

GAVALDA
- 35 kilos d'espoir

GIDE
- Les Faux-Monnayeurs

GIONO
- Le Grand Troupeau
- Le Hussard sur le toit

GIRAUDOUX
- La guerre de Troie n'aura pas lieu

GOLDING
- Sa Majesté des Mouches

GRIMBERT
- Un secret

HEMINGWAY
- Le Vieil Homme et la Mer

HESSEL
- Indignez-vous !

HOMÈRE
- L'Odyssée

HUGO
- Le Dernier Jour d'un condamné
- Les Misérables
- Notre-Dame de Paris

HUXLEY
- Le Meilleur des mondes

IONESCO
- Rhinocéros
- La Cantatrice chauve

JARY
- Ubu roi

JENNI
- L'Art français de la guerre

JOFFO
- Un sac de billes

KAFKA
- La Métamorphose

KEROUAC
- Sur la route

KESSEL
- Le Lion

LARSSON
- Millenium I. Les hommes qui n'aimaient pas les femmes

LE CLÉZIO
- Mondo

LEVI
- Si c'est un homme

LEVY
- Et si c'était vrai...

MAALOUF
- Léon l'Africain

MALRAUX
- La Condition humaine

MARIVAUX
- La Double Inconstance
- Le Jeu de l'amour et du hasard

MARTINEZ
- Du domaine des murmures

MAUPASSANT
- Boule de suif
- Le Horla
- Une vie

MAURIAC
- Le Nœud de vipères

MAURIAC
- Le Sagouin

MÉRIMÉE
- Tamango
- Colomba

MERLE
- La mort est mon métier

MOLIÈRE
- Le Misanthrope
- L'Avare
- Le Bourgeois gentilhomme

MONTAIGNE
- Essais

MORPURGO
- Le Roi Arthur

MUSSET
- Lorenzaccio

MUSSO
- Que serais-je sans toi ?

NOTHOMB
- Stupeur et Tremblements

ORWELL
- La Ferme des animaux
- 1984

PAGNOL
- La Gloire de mon père

PANCOL
- Les Yeux jaunes des crocodiles

PASCAL
- Pensées

PENNAC
- Au bonheur des ogres

POE
- La Chute de la maison Usher

PROUST
- Du côté de chez Swann

QUENEAU
- Zazie dans le métro

QUIGNARD
- Tous les matins du monde

RABELAIS
- Gargantua

RACINE
- Andromaque
- Britannicus
- Phèdre

ROUSSEAU
- Confessions

ROSTAND
- Cyrano de Bergerac

ROWLING
- Harry Potter à l'école des sorciers

SAINT-EXUPÉRY
- Le Petit Prince
- Vol de nuit

SARTRE
- Huis clos
- La Nausée
- Les Mouches

SCHLINK
- Le Liseur

SCHMITT
- La Part de l'autre
- Oscar et la Dame rose

SEPULVEDA
- Le Vieux qui lisait des romans d'amour

SHAKESPEARE
- Roméo et Juliette

SIMENON
- Le Chien jaune

STEEMAN
- L'Assassin habite au 21

STEINBECK
- Des souris et des hommes

STENDHAL
- Le Rouge et le Noir

STEVENSON
- L'Île au trésor

SÜSKIND
- Le Parfum

TOLSTOÏ
- Anna Karénine

TOURNIER
- Vendredi ou la Vie sauvage

TOUSSAINT
- Fuir

UHLMAN
- L'Ami retrouvé

VERNE
- Le Tour du monde en 80 jours
- Vingt mille lieues sous les mers
- Voyage au centre de la terre

VIAN
- L'Écume des jours

VOLTAIRE
- Candide

WELLS
- La Guerre des mondes

YOURCENAR
- Mémoires d'Hadrien

ZOLA
- Au bonheur des dames
- L'Assommoir
- Germinal

ZWEIG
- Le Joueur d'échecs

Et beaucoup d'autres sur lePetitLittéraire.fr

© **LePetitLittéraire.fr, 2013. Tous droits réservés.**

www.lepetitlitteraire.fr

ISBN version imprimée : 978-2-8062-3080-5
ISBN version numérique : 978-2-8062-3079-9
Dépôt légal : D/2013/12.603/118